LE FAUTEUIL

DE

MONTAIGNE.

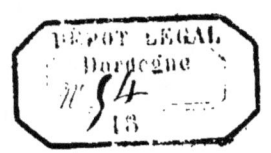

LE FAUTEUIL

DE MONTAIGNE.

FAVTEVIL DE MONTAIGNE.

LE FAUTEUIL

DE

MONTAIGNE

SUITE

A

MONTAIGNE CHEZ LUI

PAR LE D' E. GALY,

*Correspondant du Ministère de l'Instruction publique
pour les Travaux historiques, etc.*

PÉRIGUEUX

J. BOUNET, LIBRAIRE-ÉDITEUR.

1865.
1866

LE FAUTEUIL
DE MONTAIGNE.

> A défaut de choses extraordinaires, nous aimons qu'on nous propose à croire celles qui en ont l'air.
> VAUVENARGUES.

Je visitais le Musée d'Anvers, il y a trois ans ; je me rappelle que je pris un vif intérêt à examiner une petite chaise, garnie de cuir et ornée de clous de cuivre : c'était celle sur laquelle s'asseyait, à la confrérie des peintres anversois, Pierre-Paul Rubens. Depuis ce jour, j'ai souvent regretté la négligence que les descendants de Montaigne mirent à préserver de destruction les objets qui avaient servi à l'usage personnel de leur ancêtre. La substitution de la terre de Saint-Michel-de-Montaigne faite par le philosophe en faveur de sa fille Eléonore, à défaut de fils, prouve le prix qu'il attachait à survivre dans ce qu'il avait possédé. Il ordonna cette disposition testamentaire, bien qu'il l'eut blâmée dans les *Essais*, « nous prenons un peu trop à cœur ces substitutions masculines et proposons une éternité ridicule à nos noms. » Et cependant, soupçonnant l'incurie et l'indifférence de ses successeurs, il en prenait son parti en ces termes : « J'aurai bien de quoy me revancher, car ils » ne scauraient faire moins compte de moy que j'en » ferai d'eux en ce temps-là. »

Il méritait ce perpétuel hommage de la part de sa famille, cet autre peintre aussi coloriste que Rubens, mais qui, visant plus haut, ne s'est pas contenté de *faire couler la chair* dans ses écrits, mais y a fait apparaître l'homme tout entier, *intùs et extrà*. A peine reste-t-il de lui quelques lettres autographes et des livres chèrement disputés. Comme on aimerait à retourner ses meubles, à fouiller ses tiroirs ; je crois qu'on ne s'exposerait pas au désenchantement d'un valet de chambre ; Montaigne s'est fait connaître déjà avec tant d'abandon, que sa mémoire n'aurait qu'à gagner à cette indiscrète investigation. Ce qui a appartenu à ceux que nous chérissons nous entretient d'eux et nous les confirme.

Que sont devenus sa table et son siége adossés à l'endroit de sa *librairie* où le mur offrait un certain *plat*, près du grand tuyau de cheminée sur lequel on voit encore les fameuses armoiries peintes en jaune ?

En novembre dernier, je reçus une lettre du régisseur du château de St-Michel-de-Montaigne qui m'annonçait que, sur le point d'entreprendre d'importantes réparations, on avait débarrassé les greniers de plusieurs bahuts, parmi lesquels un fauteuil avait attiré son attention ; il me priait de venir juger par moi-même du mérite de cette trouvaille. J'hésitai quelque temps, car les propriétaires de cette habitation étaient partis et elle est triste en leur absence. La plupart des touristes étaient frappés autrefois de l'aspect un peu sauvage de la contrée. Jouannet, poète et archéologue, écrivait dans son premier voyage : « Je n'y ai trouvé que silence et solitude. » Montaigne lui-même ne pouvait se défendre de l'envie de quitter sa demeure ; il ne supportait pas la monotonie de ce séjour : « J'arreste bien chez moy le plus ordinairement, mais je voudrois m'y plaire plus qu'ailleurs,

> Sit meæ sedes utinam senectæ
> Sit modus lasso maris et viarum
> Militiæque......... [1]

je ne scay si j'en viendrai à bout ; je voudrois qu'au lieu de quelque autre pièce de sa succession, mon

[1] Horatius, lib. II. *Od. VI.*

père m'eust résigné ceste passionnée amour qu'en ses vieux ans il portoit à son mesnage [1]. » Son ennui et sa solitude nous ont valu, en grande partie, les *Essais :*

Car, que faire en un gîte, à moins que l'on ne songe?

Je ne connais qu'un seul personnage qui ait abordé en riant le manoir délaissé, emprisonné de hautes murailles et autrefois d'un si difficile accès ; il était procureur au parlement de Paris et s'appelait Courtois. Il est vrai qu'il avait sujet de se réjouir ; il apportait dans les plis de sa robe l'interminable procès que la substitution ordonnée par Montaigne avait fait naître entre les Villars et les Ségur [2]. Cela se passait vers 1762 ; le procureur accompagnait Madame la comtesse de Béarn en Périgord [3]. C'était une sorte de M. Jovial, s'inspirant de d'Assouci et de Chapelle, qui a raconté

---

[1] *Essais*, liv. III, chap. IX.

[2] Eléonore de Montaigne fut mariée deux fois ; elle eut, de Charles, vicomte de Gamaches, son second mari, une fille, Marie de Gamaches, qui épousa Louis de Lur Saluces, baron de Fargues. Marie eut trois filles ; la dernière, Claude Madeleine de Lur Saluces, épousa Élie Isaac de Ségur, qui eut pour fils Jean de Ségur, père d'Alexandre et aïeul de M. le comte de Ségur de La Roquette à qui la terre fut dévolue, à la suite du procès.

[3] Angélique Gabrielle Joumard-des-Achards, baronne de Lamotte-Landron, fille de Jean Joumard-des-Achards, vicomte de La Brangelie, et de Marie Charlotte de Villars-Landron.

son voyage en prose et en vers dans une plaquette que, me promenant sur les quais de Paris, j'ai retirée de la boîte à quatre sous [1]. Malheureusement, au lieu d'être burlesque, il se rend trivial. Occupé à distraire ses belles compagnes, il leur débite des contes à la Grécourt en frisant leurs papillotes, et, sans doute, car c'était le bon temps, ces dames ravies s'ébaudissaient avec lui. Arrivé au château, il s'extasie sur la bonne chère et le bien-être dont on le régale :

> Là, l'on mange perdrix et cailles,
> Grives, bonne soupe, ortolans ;
> Le vent respecte les murailles,
> Les lits y sont mous, les draps blancs,
> Et l'on y passe bien son temps.

Repu, il évoque l'ombre de Montaigne, et, à l'aide d'une plate prosopopée, il lui fait tenir un lamentable discours, dans lequel la date de sa naissance est faussée, le testament en faveur d'Eléonore est nié ainsi que la donation de son nom et de ses armes à son ami Charron. La cause que l'épicurien magistrat défendait l'exigeait. Toute cette plaidoirie est pauvre et ridicule ; mais parce que cet opuscule est rare et qu'il contient des passages, relatifs au procès, qui sont encore inexpliqués, je le recommande aux montanophiles.

[1] VOYAGE DE M*** EN PÉRIGORD. — Voy. l'*Année littéraire* de Fréron. Décembre 1762.

Cette année, le château de Montaigne a changé d'aspect; ce sont les mêmes lignes *plaisantes* d'un paysage grandiose qui l'entourent, mais on n'y arrive plus par le chemin creux qui contournait le pied de la colline sur laquelle il est situé et où Montaigne, dans une rencontre avec ses gens, faillit perdre la vie. Une route magnifique, allant de Villefranche-de-Longchapt à Lamothe-Montravel, franchit sur de beaux ponts le Léchou et la Lidoire; elle s'élève à l'ouest vers le bourg de Saint-Michel, en décrivant une courbe gracieuse et offrant, à gauche, pendant plus de deux kilomètres, la perspective de la célèbre demeure rajeunie, pimpante, parée de tours couronnées de galeries crénelées et à machicoulis, surmontées de clochetons. Sur les combles élevés, couverts en ardoise, se dressent, étincelants, crêtes, épis et girouettes. Cette restauration fait le plus grand honneur à S. Exc. M. Magne.

Depuis qu'il est de bon goût d'aimer et de lire Montaigne et d'avoir les *Essais* sur sa cheminée pour se distinguer des preneurs de lièvres, ainsi que le disait de certains gentilshommes campagnards de son temps, l'érudit évêque d'Avranches, Daniel Huet; depuis qu'il ne s'agit plus d'un long et coûteux voyage pour se passer la fantaisie d'un pélerinage littéraire à Montaigne, tous les visiteurs, et je n'excepte pas les plus sérieux, ont cru, en entrant dans la cour du château, voir cette habitation telle qu'elle était autrefois. C'était une contemplation peu réfléchie, que leur impatience de recueillir des souvenirs inédits a empêché de réprimer ; ils ne se doutaient pas des mutilations successives qui ont insensiblement défiguré et détruit les principaux corps de logis. Sans cela, ils ne se seraient pas donné tant de peine pour emporter dans leur album et faire reproduire en gravure ou en lithographie l'image de ces affreuses masures accommodées par chaque propriétaire à ses besoins et à ses ressources. L'énumération de tout ce qui a disparu serait trop longue.

A la fin du xve siècle, il n'existait qu'un gros pavillon carré, flanqué d'un côté de deux poivrières en encorbellement, et à l'est, de deux grosses tours rondes ; un pignon en pierres de taille s'élevait entr'elles ; il était orné sur ses rampants de crochets à feuillage dont on a retrouvé les débris. Une de ces tours contenait une vis d'escalier et servait d'entrée principale. Le père de Montaigne, qui aimait la truelle, ajouta à ce pavillon d'autres dépendances, telles que le grand bâtiment parallèle à la terrasse, qui mesure plus de soixante mètres de développement ; c'est encore lui qui éleva les galeries que Montaigne aurait pu facilement *coudre*, au niveau de sa librairie, pour en faire des promenoirs de cent pas de long et douze de large.

Ainsi, autour de la cour d'honneur régnait une série de logements qui complétait un ensemble spacieux et des plus confortables ; Montaigne regrettait de n'avoir pu *parfaire d'aussi beaux commencements :*

> Manent opera interrupta, minæque
> Murorum ingentes........ [1]

Il paraît ne s'être soucié que de l'embellissement de la tour où était sa *librairie*[2]. Le luxe qu'il y déploya nous prouve qu'il ne fit que la mettre en harmonie avec le reste de sa maison « abondamment fournie et capable plus que suffisamment. » Ce n'est pas dans une résidence mesquine (et je la suppose en bon état) comme celle que j'ai vue en 1838, pour la première fois, que Montaigne aurait osé recevoir la cour « en sa pompe, » et surtout héberger le roi de Navarre, plus quarante-quatre gentilshommes et leur suite. Les princes et les grands seigneurs de ce temps aimaient à retrouver le bien-être de leurs somptueuses demeures ; ils n'allaient pas frapper au premier refuge qu'ils rencontraient en chemin ; les ruines des châteaux des Biron, des Bourdeilles, des Beynac, des Mareuil, des Gurson, et ce que nous savons de celui des Caumont-Laforce, attestent que c'étaient de véritables palais.

Il y a longtemps que la tour ronde de la terrasse a été

[1] Virg. *Æneidos IV.* — *Essais*, liv. I.
[2] Voy. MONTAIGNE CHEZ LUI. — Périgueux 1861.

rasée et que les galeries latérales ont été abaissées jusqu'au premier étage; il ne reste rien des anciens entablements; à peine distingue-t-on deux ou trois fenêtres et deux portes de la primitive habitation ; *la Trachère* ou *Tour de Madame* a servi en partie à faire de la chaux ; la tour de la librairie a perdu son couronnement et son campanile; la fenêtre du *cabinet poly si plaisamment percé*, celle qui donnait sur la campagne, a été murée ; nous n'en finirions pas si nous voulions raconter tous les actes de vandalisme qui ont anéanti jusqu'aux traces du passé. A l'intérieur, il ne reste absolument rien que les inscriptions des poutrelles, celles du cabinet et les peintures que j'ai décrites dans *Montaigne chez lui*.

Il faut du courage, une intelligence supérieure, un amour presque filial pour entreprendre ce travail rénovateur. Déjà, en faisant tomber les crépis, on a relevé le dessin des anciennes lignes architecturales; les tours dont les fondations ont été reconnues reprennent leurs places ; toutes ces fenêtres modernes, si carrément béantes, recouvreront leurs meneaux et leurs verrières à croisillons de plomb. La chapelle, que le pinceau de M. Oury vient de métamorphoser, ne servira plus de magasin aux légumes, et la chambre à coucher de chenil. J'aperçois les grandes cheminées, avec leurs âtres au fond desquels scintillent les landiers en cuivre ouvré, qui reparaissent ornées de sculpture et de devises ; les bois des parquets se combinent en méandres et en entre-lacs ; des caissons peints et dorés encadrent les plafonds ; des tentures de laine, des tapisseries historiées ou des cuirs de Cordoue couvrent les murs. Des meubles dans le style de la Renaissance compléteront cet ensemble d'une réalisation longue, difficile, délicate et coûteuse, mais qui a été bien mûrie, bien étudiée ; ce sera une véritable résurrection, témoignage de la piété sincère d'un homme d'État, écrivain distingué, envers son illustre devancier.

L'appel que le régisseur m'avait fait me préoccupait ; il semblait qu'il me ménageait une surprise qui me rendrait aussi heureux que la découverte de toutes les inscriptions de la bibliothèque, que j'ai faite, en 1861, en compagnie de mon cher Léon Lapeyre. J'ai enfin cédé à son désir, et voici le dessin de ce fauteuil.

Il est en chêne ; ses pieds et ses barreaux sont tournés en balustres dans le goût du XVIe siècle ; j'en ai rencontré maintes fois de semblables chez nos cultivateurs ; ils émigrèrent, en 1793, du domaine seigneurial chez le vassal. Le fond du siége est formé d'un lit de sangles encadré par un fort bourrelet de crins ; sur ce lit devait reposer un grand *carreau* (c'est ainsi qu'on appelait, alors, un coussin de plumes ;

les fauteuils rembourrés ne datent que du xviie siècle); les bras, très-longs et droits, sont matelassés jusqu'à la rencontre des montants des pieds antérieurs ; le dossier, renversé en arrière, n'a plus que son chassis qui devait être tendu de la même étoffe que celle qui recouvre les bras et le siége. Le style de ce fauteuil est, sans conteste, celui de la fin du xvie siècle, mais a-t-il appartenu à Montaigne ? n'a-t-il pas été introduit au château par un de ses successeurs ?

Une circonstance qui paraît insignifiante au premier abord, mais parfaitement concluante quand on l'interroge avec soin, prouve qu'à l'évidence de la contemporanéité il faut joindre celle de la possession et de l'usage par Montaigne lui-même. A part les pieds et les barreaux tournés, il est d'une simplicité toute primitive ; sans doute on devait y être à l'aise, mais rien ne le recommande au point de vue artistique ; il n'offre aucune de ces fines ciselures, œuvre d'un *huchier* ou de l'*ymager*, et qui donnent tant de prix aux *vieils faudestueils*. Son dessin est raide ; ses bras sont trop longs, et l'étoffe qui l'enveloppe dissimule mal son peu d'élégance. Félicitons-nous qu'il ait conservé quelques lambeaux du tissu qui le recouvrait ; en effet, c'est en le soulevant et en procédant, pour ainsi dire, à son anatomie que j'ai constaté que ce n'est pas une, mais trois étoffes qui ont été superposées à différentes époques. La première, extérieure, est en damas de soie jaune, broché de fleurs vertes et rappelle le siècle de Louis XIV ; la seconde est en soie de couleur amarante ; enfin, la plus profonde et la plus ancienne est en cuir rougeâtre, rayé à losanges, dans le genre des cuirs gaufrés du XVIe siècle.

A coup sûr, ce n'est pas, ainsi que je le faisais remarquer, le mérite du travail seul qui a valu à cette énorme *caquetière* les honneurs d'une pareille conservation. Des soins aussi prolongés pour un meuble aussi vulgaire, la double restauration dont il a été l'objet à de longs intervalles, l'emploi de ces riches tissus appliqués l'un sur l'autre, tout en laissant intact le vieux cuir mordoré, attestent quelque chose de plus que le simple désir d'une nouvelle appropriation ; un fauteuil ordinaire qu'on veut utiliser de nouveau ne se répare pas ainsi : on en conserve le squelette, mais on en recompose entièrement les chairs. Une idée morale, un sentiment particulier, un grand souvenir ont fait respecter ces débris. On n'a pas osé toucher à une illustration de famille ; ces soieries sont les bandelettes qui recouvraient la momie sacrée. Peut-être que le dossier était blasonné ? Où Montaigne n'a-t-il pas fait figurer et voyager ses armoiries ?

Cette découverte n'a rien d'extraordinaire, mais, selon la pensée de Vauvenargues, que j'ai choisie pour épigraphe de ces recherches, elle plaira parce qu'elle en a l'air. M. Du Buc de Marcussy se rappelle d'avoir vu ce fauteuil dans son enfance. Son père l'avait trouvé au château en 1814, et l'avait conservé avec des chaises, des selles et des armures que la tradition disait avoir appartenus à Montaigne. Il est certain qu'au XVIIIe siècle on montrait un fauteuil de Montaigne aux étrangers, et qu'il existait encore un petit nombre d'objets ayant servi au philosophe périgourdin ; l'abbé Prunis retira d'un vieux coffre le manuscrit du *Voyage en Italie*. Éléonore a pu donner la bibliothèque de son père, ses héritiers, dans leur détresse ou leur indifférence, se sont chauffés avec les portes et les rayons de la bibliothèque, mais le fauteuil a été sauvegardé ; dès-lors, semblable au manteau du vieil Eyquem, il a enveloppé les habitants de Montaigne de Montaigne lui-même et il a été respecté.

Est-ce bien là ce *siége* de la librairie, celui qui, placé devant la table, faisait face à la bibliothèque ? J'ai fait connaître, dans *Montaigne chez lui*, quelle était la richesse de décors de la chambre à coucher ; tout était peinture, banderolles à devises, monogrammes : l'or, l'azur recouvraient les solives ; ce fauteuil n'aurait pas été en harmonie avec la beauté de l'appartement. Sa taille et sa lourdeur lui interdisaient de pénétrer dans l'étroit et gracieux cabinet ;

son caractère simple et sévère marquait sa place dans la librairie. Goethe, lui aussi, avait un fauteuil ; mais il n'en usait pas. Il se servait d'une chaise de bois, à laquelle il fit ajouter, mais très-tard, un dossier pour appuyer sa tête. Un entourage de meubles commodes et artistement travaillés arrêtait court sa pensée en le plongeant dans un état de bien-être passif. « Si l'on n'y a été habitué dès sa jeunesse, disait-il à Eckermann, les appartements somptueux et les ameublements de luxe ne conviennent qu'aux gens qui n'ont et ne se soucient d'avoir aucune idée. » En cela, comme dans une foule d'actes de la vie, il n'y a pas de loi préétablie. A chacun, d'ailleurs, son tempéramment et sa coutume; M. de Buffon ne prenait la plume qu'en habit de cour, et Fabulus, le peintre de la maison dorée de Néron, ne montait sur les échafauds que revêtu de sa toge.

Pour Montaigne, un fauteuil n'était pas un lit de repos où le bel esprit sommeille, comme le prétendait Fontenelle du fauteuil académique : il ne s'en servait que pour écrire ; il ne s'y plongeait pas pour méditer. Le dossier, renversé en arrière, favorisait la vue de son ciel philosophique, et la dépression du carreau et du lit de sangles lui permettait de se placer, ainsi qu'il l'aimait, les jambes un peu plus hautes que le siége. Heureux des seize pas de vide dont il pouvait disposer entre sa table et ses livres, il se promenait « tantost enregistrant et dictant. » — « L'action de l'esprit s'estouffe par trop d'estude. » Sa cruelle néphrite l'incitait aussi à la vie active ; l'équitation, la chasse, les voyages entraient dans son hygiène, il lui fallait le grand air. — Enclin au sommeil, « je me tiens debout tout le long d'un jour, et ne m'ennuie point à me promener, mais sur le pavé, depuis mon premier aage, je n'ay aimé d'aller qu'à cheval. » L'état sédentaire lui était antipathique, même au sein de l'étude et des *doctes vierges*. — « Mes pensées dorment si je les assieds ; mon esprit ne va pas seul comme si les jambes l'agitent : ceux qui estudient sans livre en sont tous là ! » A l'auteur des *Essais* comme à son livre, on doit appliquer la devise : *acquirit vires eundo*.

Le fauteuil de Montaigne vient de reprendre la place qui lui était autrefois assignée dans la bibliothèque ; cette juste réparation lui était due ; quelques travaux de consolidation assureront son existence et il ne sera pas anéanti ou emporté pièce à pièce. — Nous connaissons en France bon nombre d'Elgins plus enthousiastes de Montaigne que du Parthénon.

IMPRIMÉ

PAR J. BOUNET, A PÉRIGUEUX.

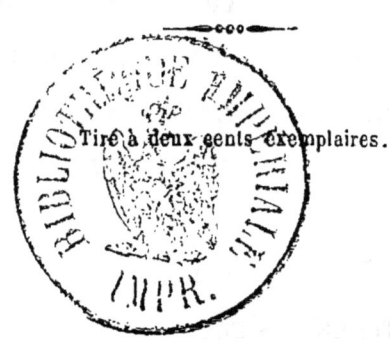

Tiré à deux cents exemplaires.

www.ingramcontent.com/pod-product-compliance
Lightning Source LLC
Chambersburg PA
CBHW060537050426
42451CB00011B/1767